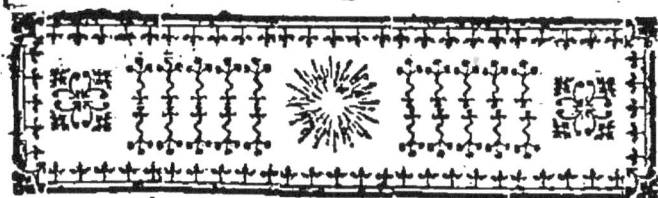

LETTRE

A

M. DE V***. (Voltaire)

SUR LA

TRAGEDIE

D'ORESTE.

CE n'eſt pas ſans raiſon qu'il eſt des gens qui ajoutent foi à certains preſſen_timens ; puiſqu'après avoir pré-vû le ſuccès de votre Piéce

A

dans le difcours que vous avez fait au Public, fon fuccès femble juftifier cette modeftie, qu'une éloquence apprêtée a fait admirer du Spectateur.

Nanine qui s'étoit préfentée fans fe faire annoncer par un préliminaire fupplicatif, ne marcha fur la Scéne qu'avec des potances: fuivant le début d'*Ore-fte*, on peut lui prédire qu'il ne voyagera point fur ce terrain raboteux fans rifquer fa vie. Vous voyez quelle rude épreuve il vient de fubir au premier pas qu'il y a fait; mais vous faites des cures fi furprenantes qu'elles tiennent du prodige. Le coup qu'il vient de recevoir

ne fera pas mortel ; & je ne
défefpére pas encore de le re-
voir avec le front & le main-
tien affuré, que l'on remarque
dans un Gladiateur ébranlé du
premier coup de fon adverfai-
re, & qui fe remet avec cette
affurance que le defir d'en por-
ter un plus affuré, lui infpire.

Ne penfez pas cependant que
j'aille vous donner une Criti-
que détaillée d'une production
imaginée, conçue & enfantée
dans fix femaines. Les accef-
foires de vos Piéces font fi bril-
lans, fi vifs & fi propres à fé-
duire, qu'il faudroit avoir le
flegme d'un Anglois, pour fui-
vre pied à pied la contexture

& l'ordonnance d'une Piéce qui fourmille de penſées. On a beau dire qu'elles ne doivent point faire ſur nous l'impreſſion de la nouveauté ; & qu'elles y ſont tranſplantées de *Guſtave*, de *Semiramis*, d'*Electre*, de *Mœrope*. Vous avez acquis l'art de les déguiſer ſi bien, qu'il n'y a qu'un épilogueur décidé qui puiſſe former une accuſation auſſi ſatirique. Les beautés qui accompagnent votre verſification ſe ſuccédent de ſi près, qu'il eſt impoſſible de ſe fixer à une, & d'avoir le plaiſir d'en apporter l'image chez ſoi ; deſorte que l'on peut dire qu'elles reſtent toujours dans

l'endroit où elles ont vû pour
la premiere fois le jour, & que
l'enceinte de la Comédie leur
fert de prifon.

Le remplissage du premier,
fecond, & troifiéme Acte, eft
digne de la célébrité que vous
vous êtes acquife. Vous avez
une dévotion outrée pour les
cendres des Morts : quoi ! toujours des cimetieres, des offe-
mens ? Ces images lugubres af-
fligent trop le Spectateur. Comment après avoir dit que la
France l'emportoit fur *Athenes*,
& que le Théatre François étoit
fupérieur au Théatre des Grecs,
répétez - vous fi fouvent un
Spectacle, qui faifoit chez eux

un des principaux ornemens de
leurs Piéces, & qui parmi nous
eſt reconnu pour un acceſſoi-
re d'autant plus inutile, que l'on
l'a banni de la Scéne Françoiſe.
L'*Opéra* eſt deſtiné à amuſer les
yeux & les oreilles. La Tragé-
die doit occuper le cœur &
l'eſprit. Je vous avoue qu'on
peut, & que l'on doit même
ſoupçonner de ſtérilité l'imagi-
nation d'un Auteur, qui a re-
cours à ces beautés ſuperflues
dans un ſujet bien choiſi, bien
conçu & bien exécuté. Voyez
la ſimplicité d'*Electre* de M.
Crebillon. Une chaîne fait tout
ſon ornement ; cependant que
ſuccès ?

En général, votre Pièce eſt fort bien ordonnée ; auſſi eſt-ce dans ſa contexture ſeulement qu'elle a un air de reſſemblance avec celle de votre *Confrere*. Que ſon amour propre, s'il entend bien ſes intérêts , doit tirer avantage du contraſte que fait dans l'eſprit du Public un ſujet traité ſi différemment ; tout votre Poëme n'eſt en effet qu'un éloge continué de celui de M de *Crebillon*. /

La ſituation d'*Electre* n'eſt pas copiée d'après la nature : ſi elle prend *Oreſte* lui - même pour le meurtrier d'*Oreſte* , & ſi elle veut vanger ſa mort &

A iv

celle d'Agamemnon , elle ne
doit pas lever trois fois le poi-
gnard fur lui fans effet. Vous
ne connoiffez pas la vivacité de
la vengeance. Vous ignorez,
fans doute (effet d'un bon na-
turel) combien cette paffion eft
véhémente & précipitée dans
une femme, dont elle occupe
le cœur ; rarement lui permet-
elle de reconnoître de l'héroïf-
me dans ceux qui en font l'objet ; ajoutez encore une raifon
d'intérêt plus preffant , parce
qu'il eft perfonnel , puifqu'elle
l'attend & le défire non-feule-
ment comme frere , mais encore comme fon libérateur.

D'ailleurs , cette fituation

reſſemble trop à celle de *Mœrope* : lorſqu'elle veut ſacrifier *Egiſte* à *Egiſte* pour produire l'effet que vous avez cru pouvoir vous promettre.

La reconnoiſſance d'*Electre* & d'*Oreſte* m'a paru un peu mal-adroite : ſi je la compare à celle de *Zaïre*, de *Luſignan* & de *Néreſtan* ; elle eſt de beaucoup ſupérieure à celle de *Mœrope* d'*Egiſte*, qui ne l'eſt pas moins elle - même à celleci. J'oſe même dire, que quoique vous ayez été aſſez généreux pour ſacrifier l'harmonie à la ſublime dureté de M. de *Crebillon*, je vous ai méconnu dans quelques vers qui m'ont

échapé. J'ai accoutumé mon
cœur & mon esprit à ne rete-
nir que le beau pour le louer,
& à oublier le *mauvais* pour
ménager à l'Auteur une con-
fusion, qui assurément ne doit
pas être le prix des efforts qu'il
fait pour nous plaire : je déteste
la causticité, & j'ai une sécrette
horreur des gens qui la chéris-
sent. On a beau dire, que le
cœur n'y a point de part, & que
le seul esprit en fait ses délices.
Celui-ci est trop intimément
lié à la matiere, pour que l'au-
tre ne participe point aux im-
pressions qu'il reçoît.

Le quatriéme Acte figure
donc fort mal avec les trois

précédens; ils forment entre eux
une diſſonnance qui révolte.
Je ne doute point que vous
ne mettiez à profit les avis que
le Public, qui toujours eſt in-
faillible dans ſes jugemens, vous
a donnés. Depuis que le Spectateur s'eſt plié à regarder la
premiere Repréſentation des
piéces comme un ſimple eſſais,
ou pour mieux dire, comme
une répitition, Meſſieurs les
auteurs ſont plus à leur aiſe aux
dépens de leur amour propre:
auſſi peut-on dire à leur louan-
ge qu'il n'entre pour rien dans
leurs ouvrages.

Le cinquiéme Acte, Mon-
ſieur, eſt abſolument négligé;

foit pour la conduite, pour la cataftrophe en elle-même, foit enfin pour la verfification. Comment *Clitemneftre* reconnue par *Orefte*, peut-elle être fa victime? Un fils vient pour venger la mort de fon pere, & vous lui faites tremper fes mains dans le fang de fa mere; C'eft un monftre qui nous effraye & dont nous avons horreur. Voyez M. de *Crebillon*; il fauve l'honneur de fon héros par une méprife adroite. *Orefte* eft criminel fans être coupable. Les Dieux font refponfables de ce meurtre; ils ont conduit le coup. Voilà où l'on connoît le génie d'un **Auteur**, qui a toujours pour guide la vraisemblance, & qui suit la nature pas à pas : aussi combien est différente l'impression que cette catastrophe fait sur le Spectateur !

La Confidente d'*Electre* m'a paru déplacée de toutes les façons. Cet épisode est d'autant moins supportable, qu'il ne fait point une diversion agréable, & que d'ailleurs il ne peut être d'aucun secours dans votre piéce. Mais c'est un défaut avec lequel vous vous êtes familiarisé ; & rarement dépouille-t-on une habitude ; sur-tout lorsqu'elle nous a reussi ; vous ne devez cependant point oublier combien *Philoĉte-te* eſt froid vis-à-vis la vieille *Jocaſte*.

De quelques ornemens que l'Epiſode ſoit paré, il devroit être honteuſement chaſſé de la Scene : toutes ſes beautés ne ſervent qu'à faire perdre de vûe l'objet principal ; & une telle diverſion ne peut qu'influer dé-ſavantageuſement ſur le reſte de la piéce.

Les fureurs d'*Oreſte* ſont trop travaillées pour n'être point manquées : on n'y voit point ce déſordre toujours inſéparable d'un déſeſpoir qui n'eſt point affecté.

Vous avez cru, ſans doute,

qu'on feroit à *Electre* un accueil plus favorable , en lui donnant le ton des femmes du siécle : avez-vous donc oublié que les vapeurs font bailler , que le baillement est leur symptôme caractéristique , & que l'expérience nous apprend qu'il n'est rien de plus contagieux dans une assemblée ?

Je n'ai pas bien senti la raison qui peut avoir fait prodiguer 'tant d'applaudissemens au vers qu'*Electre* dit ; lorsqu'elle va consulter l'Oracle.

L'amour brava les Dieux , la crainte les consulte.

Heureusement cette Sentence

ne porte pas sur un point fon-
damental de politique ou de
religion ; c'est pourquoi elle ne
mérite pas le soin de l'analyse

J'ai observé dans tous vos
ouvrages que vous enlaidissiez
vos pensées à force de vouloir
les embellir. Ainsi vous tom-
bez ouvertement dans ce vers
de l'Auteur du *Méchant.*

L'esprit qu'on veut avoir gâte celui qu'on a.

Je vous promets, Monsieur,
un parallele impartial de votre
Oreste avec l'*Electre* de M. de
Crebillon.

J'ai l'honneur d'être.